AF312360

15 Avril 1903

V

Vente par suite de Décès

BEAU MOBILIER

de Style XVIIᵉ et XVIIIᵉ Siècles

OBJETS D'ART --- TABLEAUX

Bijoux — Tentures

DEUX SALONS EN TAPISSERIE D'AUBUSSON

Meubles en bois de luxe

ORNÉS DE BRONZES

ET EN BOIS SCULPTÉ

des Époques et Styles

RENAISSANCE ET XVIIIᵉ SIÈCLE

Porcelaines — Bronzes — Objets divers

TABLEAUX — TENTURES

TAPISSERIES ANCIENNES

Appartenant à M. X...

Mᵉ LAIR DUBREUIL, Commissaire-Priseur

M. Arthur BLOCHE, Expert près la Cour d'Appel

PARIS. — Imp. C. CHAUFOUR

8-10, rue Milton

CATALOGUE

D'UN

BEAU MOBILIER

Style XVIIe et XVIIIe Siècles

de Worms, Diehl et Henry Peou

OBJETS D'ART, TABLEAUX

Bijoux, Tentures

dont la vente aura lieu PAR SUITE DE DÉCÈS

DEUX SALONS

en Tapisserie d'Aubusson

MEUBLES EN BOIS DE LUXE ORNÉS DE BRONZES

et en bois sculpté

Époques et Styles

RENAISSANCE ET XVIIIe SIÈCLE

Porcelaines — Bronzes — Objets divers

Tableaux — Tentures

TAPISSERIES ANCIENNES

Appartenant à M. X...

HOTEL DROUOT — SALLE N° 1

Les Vendredi 15 et Samedi 16 Avril 1904, à 2 heures

Me F. LAIR-DUBREUIL	M. Arthur BLOCHE
COMMISSAIRE-PRISEUR	EXPERT PRÈS LA COUR D'APPEL
6, Rue de Hanovre, 6	51, Rue Saint-Georges, 51

Chez lesquels se distribue le présent catalogue

EXPOSITION PUBLIQUE

Le Jeudi 14 Avril 1904, de 2 heures à 6 heures

CONDITIONS DE LA VENTE

La vente sera faite au comptant.

Les acquéreurs paieront *dix pour cent* en sus des prix d'adjudication.

L'Exposition mettant le public à même de se rendre compte de l'état des objets, aucune réclamation ne sera admise une fois l'adjudication prononcée.

Paris. — Imp. C. Chaufour, 8-10, rue Milton.

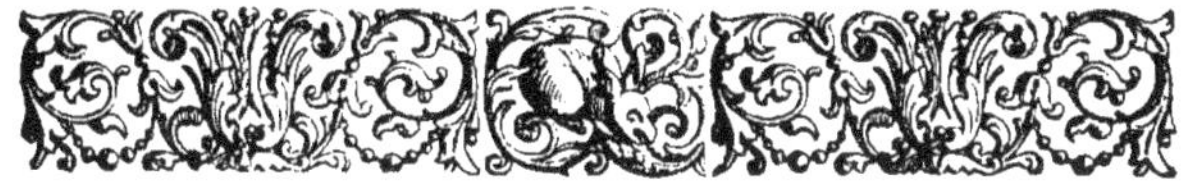

DÉSIGNATION

Vente après Décès

MEUBLES

1 — Bel ameublement de salon, en bois sculpté et doré, à fleurs et rocailles, couvert en lampas jaune dessins en grisaille et polychrome, représentant des volatilles dans des bosquets fleuris, des vases et des gerbes de fleurs style Louis XIV, composé : d'un canapé, deux grands fauteuils, six autres moins grands, six chaises, quatre chaises volantes et deux coussins en même étoffe.

2 — Bahut de forme bombée en bois de luxe, thuya et bois noir, richement garni de bronzes dorés, avec médaillon sur le battant, représentant un sujet mythologique de Mme Bertaux (signé). Dessus en marbre blanc, meuble signé Diehl.

3 — Bahut à deux portes, de forme cintrée en marqueterie de bois noir et cuivre garni de bronzes dorés, dessin à rocailles et fleurs, dessus en marbre rouge veiné.

4 — Jardinière en fer doré.

5-6 — Deux glaces biseautées avec cadres à frontons en bois sculpté et doré, style Louis XIII.

7 — Beau paravent à six feuilles en satin de différentes nuances, en broderie de soie, des paons, des cigognes, des ibis, des oiseaux de paradis, dans des paysages fleuris, travail chinois des plus délicat. Au revers, un paysage en peinture sur papier de Chine.

8 — Deux tabourets à pieds tors, en bois doré couverts en tapisserie au point.

9 — Table liseuse en bois noir.

10 — Ameublement de salon, forme ottomane, composé : d'un canapé, deux fauteuils et quatre chaises, en satin noir, brodé de vases et de rinceaux fleuris, garnis de frange ; quatre chaises légères en bois laqué, couvertes en satin non brodé.

11 — Petit bonheur du jour en marqueterie d'écaille et de cuivre, garni de bronzes.

12 — Guéridon en bois noir, avec assiette en faïence.

13 — Ameublement de salle à manger, en bois noir sculpté composé de deux meubles à deux corps ouvrant chacun à deux portes vitrées et à deux

portes pleines avec rangées de tiroirs, deux des-
sertes à étagères, une table ovale à cinq rallonges
et douze chaises couvertes en cuir rouge.

14 — Glace avec cadre en bois noir.

15 — Quatre panneaux décoratifs en satin de Chine
brodé de soie, à paysages et volatiles encadrements en bambous.

16 — Chaise-longue recouverte en soierie bleue et
capitonnée.

17 — Deux portes d'armoire garnies de glaces.

18 — Très bel ameublement de chambre à coucher
en bois de palissandre, bois noir et filets de
citronnier avec panneaux en laque aventurinée,
décor à rehauts d'or et argentifère, offrant en
relief des paysages animés de volatilles et d'oiseaux, garnis de cannelures et de moulures en
bronze doré, style Louis XVI. Il se compose d'un
lit de milieu, d'une armoire à trois portes, et
deux tables de nuit. Maison Worms.

19 — Petit canapé, fauteuil et chaises recouverts en
satin bleu pâle et capitonnés, garnis de frange.

20 — Deux chaises légères en bois sculpté et doré,
couvertes en satin rose et lilas broché et capiton-
nées, style Louis XVI. De la maison Henry
Penon.

21 — Vitrine en bois sculpté et incrusté, de Ning-Po, encadrement et galerie ajourés, tablettes gainées de peluche rouge.

22 — Deux jardinières en porcelaine fond rose avec supports en bois noir.

23 — Table rectangulaire en bois de fer sculpté, dessus en marbre.

24 — Table à jeu en palissandre.

25 — Grand fauteuil en bois sculpté et doré, dessins à fleurs et rinceaux couvert en lampas rouge, broché en grisaille à rosaces, fleurs et festons.

26 — Fauteuil à porteurs pour malade, en bois et canné.

27 — Toilette en bambou et bois blanc avec dessus et tablette en marbre.

28 — Glace avec cadre en bois sculpté à jour.

29 — Table en chêne sculpté à pieds tors.

30 — Banquette formant coffre en chêne, couverte en velours rouge.

31 — Deux escabeaux en chêne sculpté.

32 — Canapé, deux fauteuils et deux chaises en palissandre, couverts en moquette.

33 — Commode d'époque Louis XVI.

34 — Sous ces numéros seront vendus les meubles de cuisine et de chambres de domestiques.

OBJETS D'ART

PORCELAINES — FAIENCES

35 — Garniture de cheminée, en marbre blanc et bronze, composée d'une pendule surmontée d'un groupe de Bacchante et Bacchant, signé CLODION et de deux candélabres, à statuettes de satyre et de nymphe au tambourin, avec bouquets à sept lumières, de la Maison Lépine.

36 — Devant de feu, modèle balustrade avec brûle-parfum en bronze Louis XVI.

37 — Lustre à dix-huit lumières en bronze doré garni de plaquettes et de pendeloques en cristal taillé.

38 — Quatre appliques à trois lumières, en bronze doré, garnies de cristaux taillés.

39 — Paire de flambeaux, en bronze doré. Style Louis XV.

40 — Paire de lampe en porcelaine céladonée, montures en bronze doré de la Maison Gagneau.

41 — Deux porte-bouquets et une coupe en cristal et bois sculpté.

42 — Paire de vases en porcelaine de Canton, décors à paysages, fleurs et papillons.

43 — Grande coupe en porcelaine de Chine fond or, médaillons à figures, fleurs et papillons. Socle bois sculpté.

44 — Garniture de cheminée en marbre blanc et bronze, partie dorée, pendule représentant : La Liseuse, et candélabres à figures d'enfants portant des bouquets à cinq lumières. Maison Raingo.

45 — Paire de flambeaux en bronze doré. Style Louis XVI.

46 — Lustre à douze lumières en bronze orné de cristaux.

47 — Deux paires d'appliques à quatre lumières en bronze ornées de cristaux.

48 — Quatre grands bas-reliefs : Les sources, de Jean-Goujon, édition de Barbedienne.

49 — Suspension à neuf bougies, une lampe en cuivre poli.

50 — Lanterne d'antichambre, système à gaz, monture en cuivre.

51 — Galerie de foyer en cuivre poli.

52 — Jardinière ovale en porcelaine de Chine, décor à fleurs.

53 — Petit plateau forme rocailles, en porcelaine de Paris, décor à petits amours.

54 — Cornet en faience, fond rouge émaillé.

55 — Deux coupes à fruits en porcelaine de Paris, décor blanc et or.

56 — Petit lustre à six lumières en cristal de Baccarat.

57 — Deux jardinières avec plateaux en faience de Gien, décor raphaëlesque.

58 — Grande jardinière et deux cache-pots en faïence de Gien, décor raphaëlesque.

59 — Deux flambeaux en même faïence.

60 — Trois grands plats ovales en porcelaine de Saxe, décor paysages et volatiles.

61 — Deux plats ronds, trois compotiers et deux coupes, même décor.

62 — Tête-à-tête en porcelaine de Saxe, décor à sujets de Watteau.

63 — Deux tasses trembleuses en porcelaine de Saxe, décor à personnages.

64 — Deux saucières de Saxe, décor à volatiles.

65 — Moutardier de Saxe, décor à volatiles.

66 — Coupe ovale en porcelaine genre de Sèvres, monture en bronze.

67 — Deux sceaux, même porcelaine, garniture bronze.

68 — Grande bonbonniere en laque de Pékin, décorée de médaillons à paysages avec figures et objets d'ameublement.

69 — Joli lustre suspension en albatre orientale, à six bras de lumières, monture en bronze, ciselé et doré, dessin à guirlandes de lauriers, reliés à des rosaces avec chaînettes et pendeloques.Style Louis XVI. Maison BARBEDIENNE.

70 — Deux groupes en porcelaine de Saxe : Enlèvement d'Europe et le Triomphe de Silène ; deux groupes en biscuit : la Fontaine d'Amour et le Serment d'Amour.

71 — Jardinière en faïence de Gien, décor en camaïeu de style Louis XVI.

72 — Suspension en faïence de Gien avec décor en camaïeu.

BIJOUX

73 — Paire de boucles d'oreilles en brillants, entourage brillants.

74 — Broche forme trèfle avec branche en brillants, maison Boucheron.

75 — Broche composée d'un saphir étoilé entouré de brillants. Maison Aucoc.

76 — Bracelet porte-bonheur tout en brillants, monté en chute avec brillant au centre.

77 — Porte-bonheur en brillants.

78 — Broche-couronne en rubis et brillants.

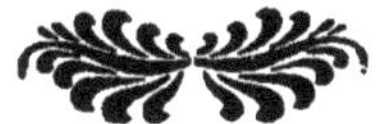

TABLEAUX,

ANGÉ

79 — *Marines*.

> Deux pendants.

80 — *Marines*.

> Deux pendants.

DIAZ (Attribué à)

81 — *Forêt*.

DREUX (Alfred de)

82 — *Amazone et cavalier*.

ECOLE MODERNE

83 — *Paysage boisé*.

> Signé : Courbet.

RIVOIRE

84 — *Vase de fleurs et coupe remplie de perles*.

> Aquarelle signée.

VIGÉE-LEBRUN (Attribué à Mme)

85 — *Portrait de Mademoiselle Foulquier, dite Calinette. Danseuse et chanteuse de la troupe Favart en 1770, regardant vers la gauche et tenant une lyre à la main.*

Joli pastel ovale.

VESTIER (Attribué à)

86 — *Portrait de Madame Elisabeth, en robe blanche à corsage décolleté, coiffure haute à la poudre, ornée de rubans.*

Joli pastel ovale.

OBJETS DIVERS

87 — Poële Choubersky et poële dit du docteur.

88 — Selles et brides pour hommes et dames.

89 — Deux caisses de sellerie.

90 — Deux cheminées à gaz.

91 — Service de table en verrerie gravée, pour douze couverts.

92 — Batterie de cuisine en cuivre rouge.

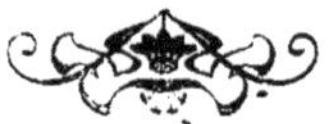

TENTURES

93 — Deux décors de fenêtres de salon en lampas jaune, broché en grisaille et polychrome, dessin représentant des volatiles, sous des bosquets fleuris, des vases et des bouquets de fleurs, avec galerie en bois doré.

94 — Décors de fenêtres et de portes composés de quatre rideaux en satin noir brodé de vases et de rinceaux fleuris.

95 — Paire de rideaux clairs à dessin à fleurs.

96 — Paire de rideaux en toile à voile, ornés d'applications de soie rose, dessinant des arbustes fleuris.

Décorations de lit, de glace, de cheminée et de porte, en satin crème, ornées de broderies de soie à guirlandes de fleurs, garnies de franges.

Quatre décors de fenêtres, forme bonne grâce, analogue. Maison Henry PENON.

97 — Deux stores plissés en soierie bleu pâle.

98 — Deux stores plissés en soierie rouge.

99 — Paire de grands rideaux en drap rouge garni
de galon noir. Maison H. PENON.

100 — Paire de rideaux en toile à voile. Maison
PENON.

101 — Décors de lit et de deux fenêtres en toile ornés
d'applications de laine bleue.

102 — Deux paires de rideaux en toile, ornés d'applications de laine rouge.

103 — Tentures flottantes pour cinq portes et une
baie en panne verte, relevées par des chaines en
cuivre.

104 — Objets omis.

MEUBLES

105 — Bel ameublement de salon en bois sculpté et doré, couvert en tapisserie d'Aubusson à corbeilles, rinceaux, fleurs, feuillages, fruits et volatiles sur fond jaune d'or. Il se compose d'un canapé, de six fauteuils et de six chaises. Style Louis XIV.

106 — Vitrine-argentier en bois sculpté peint vert et orné de bronzes dorés, dessus en onyx, intérieur en glaces et peluche rouge. Style Louis XVI.

107 — Bureau à cylindre en bois satiné orné d'un médaillon en marqueterie à fleurs, garni de bronzes ciselés et dorés à encadrements, draperies, consoles et ornements, dessus en marbre rouge. Style Louis XVI.

108 — Quatre chaises en bois sculpté peint blanc et doré, couvertes en soierie rayée et brochée. Style Louis XVI.

109 — Ameublement de salon en bois sculpté peint blanc et rehaussé d'or, couvert en tapisserie d'Aubusson, dessin à corbeilles et bouquets de fleurs enrubannés en camaïeu rouge sur fond crème. Il se compose d'un canapé, quatre fauteuils et deux chaises. Travail de style Louis XVI de la Maison QUIGNON.

110 — Support-trépied en bois finement sculpté à perlés, rubans enroulés et rosaces. Style Louis XVI.

111 — Tabouret en bois sculpté et doré, couvert en ancienne soierie brochée à fleurs. Style Louis XVI.

112 — Petit tabouret carré en bois laqué blanc, couvert en ancienne soierie crème brochée à fleurs. Style Louis XVI.

113 — Secrétaire en bois de rose et palissandre, entrées de serrures en bronze, dessus en marbre gris. Epoque Louis XVI.

114 — Deux consoles en bois sculpté peint blanc à rocailles et coquilles, dessus en marbre vert de mer. Style Louis XV.

115 — Support d'applique en bois sculpté et doré à têtes de béliers et guirlandes, dessus en marbre griotte. Epoque Louis XVI.

116 — Ameublement de salon en bois sculpté et
doré à coquilles et feuillages, couvert en damas
de soie rouge ton sur ton à grands ramages,
composé d'un canapé, de six fauteuils et quatre
chaises. Style Louis XIV.

117 — Deux consoles sur un pied forme gaîne en
bois de noyer sculpté à coquilles et feuillages,
dessus en marbre brèche d'Alep. Style Louis XIV.

118 — Lampadaire forme gondolier nègre en bois
noir sculpté et peint. Travail vénitien.

119 — Deux chaises en bois sculpté et doré à rais de
cœurs, couvertes en soierie rose rayée et brochée
à fleurs. Style Louis XVI.

120 — Deux coffres en bois sculpté à mascarons,
dessus en velours grenat.

121 — Coffre en bois sculpté, couvert en moquette.

122 — Quatre chaises Louis XV en bois sculpté à
contours fleuronnés, laqué vert, couvertes en
soierie à rayures vertes.

123 — Deux chaises Louis XV en bois sculpté, laqué
rose et or, couvertes en soierie à bouquets de
fleurs.

124 — Tabouret de piano forme coquille en noyer
sculpté.

125 — Fausse cheminée en noyer sculpté, montants à chapiteaux corinthiens, panneau de devant offrant en bas-relief une salamandre. Style Renaissance.

126 — Statue en bois clair sculpté: le Jeune page florentin.

127 — Casier en noyer sculpté et filets dorés, avec galerie de cuivre ajouré. Style Louis XVI.

128 — Grande et belle stalle gothique formant coffre en bois sculpté à ornements feuillagés, ogives et têtes de femmes, coussin en velours grenat avec bandeau en ancienne tapisserie à fleurs.

129 — Grande vasque en porcelaine de Chine décor en bleu sur blanc à personnages et paysages, pied en bois de fer sculpté.

130 — Support en bois laqué de Chine; décor d'or sur fond aventuriné.

131 — Grand et beau paravent en bois sculpté et doré à ornements feuillagés, coquilles et contours, avec feuilles en soierie brochée à fleurs sur fond crème. Style Louis XIV.

132 — Chaise Louis XIII en noyer sculpté couverte en étoffe genre tapisserie à fleurs sur fond crème.

133 — Deux marquises en bois sculpté et laqué gris
à enroulements de feuillage, couvertes en ancienne soierie brochée à fleurs et nœuds de
rubans sur fond crème. Style Louis XVI.

134 — Petite table en noyer formant jardinière sur
six pieds à colonnettes. Style Renaissance.

135 — Chiffonnier en bois noir gravé, incrusté de
filets d'étain, dessus en marbre rouge.

136 — Vitrine-bibliothèque en poirier naturel finement sculpté à colonnettes, rais de cœur et
entrelacs, ouvrant à trois portes, dessus en
marbre brèche, intérieur gaîné de velours. Style
Louis XVI.

137 — Armoire à linge à deux portes en acajou.

138 — Meuble-crédence en noyer sculpté, ouvrant à
deux portes, intérieur à quatre tiroirs en érable.
Style Renaissance.

139 — Grande bibliothèque en poirier naturel sculpté,
le haut vitré, le bas ouvrant à deux portes et dix
tiroirs. Style Renaissance.

140 — Paravent à cinq feuilles en tapisserie au
point à sujets chinois.

141 — Petit écran en bois noir avec feuille en
soierie rayée. Epoque Louis XVI.

142 — Table en bois noir garnie d'arabesques feuillagées en bronze doré, style Louis XVI.

143 — Table à jeu analogue.

144 — Stalle formant coffre en noyer sculpté à
ornements et serviettes, le haut à voussures den-
telées, avec coussin en drap soutaché rouge.
Style Renaissance.

145 — Deux chaises de vestibule en bois sculpté à
enroulements. XVIIᵉ siècle.

146 — Petite commode de poupée en noyer,
XVIIIᵉ siècle.

147 — Table à thé laquée blanc.

148 — Jardinière en poirier naturel orné de plaques
en ancienne faïence de Delft décor en bleu sur
blanc à personnages.

149 — Porte-manteau en bois des îles à fond de
glace. Style japonais.

150 — Deux consoles d'angle en acajou ornées de
filets et de galeries ajourées en cuivre, dessus en
marbre blanc. Epoque Louis XVI.

151 — Paravent à quatre feuilles en bois laqué blanc,
le haut vitré à croisillons, le bas en soierie
brochée. Style Louis XVI.

152 — Piano droit d'ERARD grand modèle à cordes obliques en bois noir et filets de cuivre.

153 — Lit en bois sculpté et doré à mascarons, coquilles et feuillages, foncé de canne dorée. Style Louis XIV.

154 — Armoire en bois sculpté à moulures, ouvrant à une porte, intérieur en étoffe rouge. Epoque Louis XIV.

155 — Bibliothèque en bois sculpté à ogives, ouvrant à quatre portes ornées de vitraux. Style gothique.

156 — Buffet en bois sculpté à feuillages et motifs ornementés, le haut vitré, XVIIIe siècle.

157 — Douze chaises en bois sculpté à ornements et armoiries, avec coussins mobiles en brocatelle. Style XVIIIe siècle.

158 — Table de salle à manger forme ovale à piétement sculpté.

159 — Bahut à deux corps en bois sculpté avec panneaux offrant des figures allégoriques à la Vérité et à l'Honneur, XVIIe siècle.

160 — Petit guéridon en acajou orné de bronzes, dessus en marbre. Style Louis XV.

161 — Petite table carrée en acajou ornée de bronzes, dessus de marbre. Style Louis XVI.

162 — Chaise longue et trois fauteuils en soie brochée à oiseaux et branchages fleuris sur fond noir, dessin dans le goût japonais.

163 à 165 — Dix chaises de formes variées en bois de fer sculpté et ajourées, avec coussins en soierie brodée de différents tons. (Seront divisées).

166 — Canapé en bois sculpté et doré de style Louis XIV, couvert en tapisserie d'Aubusson à personnages sur fond crème.

BRONZES

167 — Paire de grands lampadaires formés par des
. statues de femmes drapées en bronze portant
des vases d'où s'échappent des branches à treize
lumières en bronze doré, socles noirs garnis de
bronzes dorés.

168 — Deux grands vases en émail cloisonné du
Japon, décor à branchages et fleurs en polychrome sur fond noir, col fond aventuriné d'or,
sur socles en bronze ciselé et doré à figures d'enfants et griffes de lions.

169 — Lampe en porcelaine fond brun ; monture
en bronze dans le goût chinois.

170 — Grande pendule en bronze représentant le
dieu Mars. (Provient du Palais de la Légion
d'Honneur).

171 — Petite jardinière rectangulaire en bronze de
Chine, décor en relief à volatiles.

172 — Pendule en bronze ciselé et doré à rocailles
feuillagées et fleuries. Epoque Louis XV.

173 —Jolie pendule en marbre blanc garnie de bronzes ciselés et dorés, surmontée d'un vase brûle-parfums. Cadran de BARANCOURT à Paris. Epoque Louis XVI.

174 — Deux groupes en bronze : Flore et l'Amour et Hamadryade et Enfant, d'après COYZEVOX, édition de BARBEDIENNE. Socles en velours rouge.

175 — Deux supports en bronze cloisonné.

176 — Deux petites appliques à deux lumières en bronze doré.

177 — Coupe ovale en cristal dentelé, monture en bronze doré. Style Louis XVI.

178 — Paire de flambeaux en bronze ciselé. Epoque Louis XVI.

179 — Deux lampes formées par des ibis en bronze du Japon.

180 — Socle de pendule en marqueterie de Boulle, garni de bronzes dorés. Epoque Louis XV.

181 — Grande vasque carrée en bronze de Chine.

182 — Pendule en bronze ciselé et doré à figure d'amour tenant une flèche. Epoque Ier Empire.

182 *bis* — Jardinière en bronze ciselé et argenté à
figure d'enfant et écusson. Style Louis XV.

183 — Lampe de parquet en bronze doré, avec tablette
en marbre onyx.

184 — Galerie de foyer en bronze ciselé et doré à
figures de femmes accostées. Style Louis XVI.

185 — Statuette en bronze : le Gladiateur mourant,
socle en marbre campan.

186 — Jardinière en bronze fumé de Chine, décor à
personnages.

187 — Pendule en marbre et bronze doré, cadran
surmonté d'un vase. Epoque fin Louis XVI.

188 — Flambeau-bouillotte à deux lumières en
bronze doré.

189 — Lampe juive en cuivre jaune. xviiie siècle.

190 — Paire d'appliques à deux lumières en bronze
doré à têtes de béliers. Style Louis XVI. Dispo-
sées pour l'électricité.

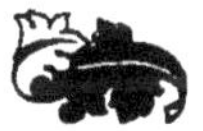

PORCELAINES, FAIENCES

191 — Service en porcelaine blanche de Sèvres à filets et chiffres dorés.

192 — Deux corbeilles en porcelaine blanche du Ier Empire.

193 — Paire de vases en porcelaine du Ier Empire décor à scènes de batailles.

194 — Paire de grands vases fond gros bleu de Sèvres au chiffre de Louis XVI.

195 — Vase à anse en faïence hispano mauresque à reflets métalliques.

195 *bis* — Cachepot en ancienne faïence de Rouen, décor polychrome.

196 — Fontaine avec son couvercle et son bassin en ancienne faïence de Rouen, montés sur panneau en bois.

197 — Fontaine en ancienne faïence de Rouen, décor polychrome.

198 — Surtout de table en faïence décorée de fleurs, insectes et papillons.

199 — Deux potiches en faïence de Delft, décor en bleu, monture en bronze fumé de style chinois.

200 — Soupière en faïence de Strasbourg décor à fleurs.

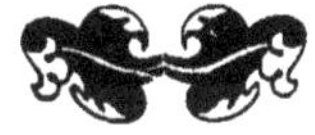

OBJETS DIVERS

201 — Encrier en marbre vert et bronze.

202 — Coffret à bijoux en bronze doré et onyx cabo-
chons.

203 — Coffret à bijoux en bronze doré avec plaques
en porcelaine à décor de personnages.

204 — Bonbonnière en verre rouge à rehauts d'or.

205 -- Deux violons.

206 — Deux lances japonaises.

207 Couteau de veneur, poignée ornées de cuivres ciselés. Epoque Louis XV.

208 — Cinq pièces d'armes japonaises.

209 -- Huit plaquettes et étoile en cristal de roche.

210 — Soupière en étain, époque Louis XV.

211 — Cruche en cuivre jaune uni.

212 — Jardinière en cuivre rouge repoussé à
godrons.

213 — Deux branchages en bronze et ambre.

214 — Grande applique à trois lumières en fer forgé.

215 — Deux légumiers en argenture, style Louis XV.

216 — Quatre réchauds ronds, un réchaud ovale et trois cloches en argenture.

217 — Samovar en métal argenté, bordure ciselée.

218 — **Bouilloire en métal argenté et guilloché.**

219 — Grande cloche à réchaud, en argenture.

220 — **Plat** long en métal argenté.

221 — Cafetière en métal avec récipient en verre.

222 — Dix-huit fourchettes à escargots en argent, dans un écrin.

223 — Boudha debout, en bois sculpté **et doré** de Chine.

224 — Trois lampes de bureau **en bronze.**

225 — Seize supports en nickel et quatre tablettes en glace.

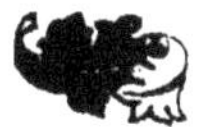

LIVRES

226 — La grande Encyclopédie. Vingt-huit volumes. Reliure en cuir rouge.

227 — The Illustrated sporting and Dramatic News. Trente et un volumes.

228 — Histoire de France, par HENRI MARTIN. Dix-sept volumes.

229 — Œuvres de VOLTAIRE. Treize volumes.

230 — La Révolution Francaise, par THIERS. Quatre volumes.

231 — Cours de Droit Français, par Durantin. Vingt-et-un volumes.

232 — Histoire de France, par H. MARTIN. Onze volumes.

233 — L'Exposition Universelle de 1867 illustrée, par DUCIUNG. Deux volumes.

234 — Lot de volumes divers reliés et brochés.

TABLEAUX

BARON

235 — *La Mare.*

BERGHEM

236 — *Le Troupeau.*

BOILLY (D'après)

237 — *L'Optique.*

Gravure en noir.

CATTARD

238 — *Paysage, effet de neige.*

COMBET

239 — *Femme nue dans un hamac.*

Peinture sur porcelaine.

EYMARD

240 — *Le Moulin à eau.*

GOILDREAU

241 — *Fête dans le parc.*

Aquarelle.

GUILMARD

242 — *La Ferme.*

INGRES (D'après)

243 — *La Source.*

Gravure en noir.

KUSNER (C.)

244 — *Marine.*

DE LAAGE

245 — *Tigre dans la jungle.*

Aquarelle.

MORAND

246 — *En Russie.*

Aquarelle.

MORAND

247 — *Devant l'Icône.*

Aquarelle.

MURET

248 — Nature morte : *Groseilles.*

PILLE (Henri)

249 — *La Partie de campagne.*

Dessin.

SAINT-ANGE CHASSELAT

250 — *Retour de chasse.*

ECOLE |FLAMANDE

251 — *Le Moulin.*

ECOLE FRANÇAISE

252 — *Les Saisons.*
> Quatre peintures en grisaille.

ECOLE HOLLANDAISE

253 — *Berger et troupeau.*
> Dessin à la sépia.

ECOLE MODERNE

254 — *La Famille du paysan.*

255 — *Vénus et les Amours.*

256 — *Vue de Suisse.*

257 — *Portrait de M. X...*

258 — *La Cascade.*

259 — *Le Pêcheur à la ligne.*

260 — *La Ferme d'Andrésy.*
> Dessin au crayon.

261 — *Paysage avec personnages et barque.*

262 — Pièce en couleur : *La Chasse.*

263 — Gravure en noir : *Scène de l'antiquité.*

TAPISSERIES, TENTURES, TAPIS

264 — Panneau en ancienne tapisserie verdure représentant un paysage avec volatile et vue de château, bordure à fleurs avec écoinçons à mascarons.

265 — Panneau en ancienne tapisserie à grands personnages, bordure sur trois côtés à fleurs et fruits.

266 — Deux panneaux en tapisserie d'Aubusson offrant un paysage boisé et fleuri avec volatiles.

267 — Portière en tapisserie d'Aubusson décor a corbeilles et gerbe de fleurs sur fond crème, contrefond rouge.

268 — Quatre rideaux en tapisserie d'Aubusson décor à trophées, rubans et fleurs sur fond crème, contrefond rouge, avec anneaux en cuivre.

269 — Deux bandes en ancienne tapisserie à fleurs, fruits et enfants.

270 — Garniture de cheminée en ancienne application à vases de fleurs et rinceaux.

271 — Trois morceaux d'ancienne tapisserie.

272 — Environ seize mètres de bandes en tapisserie
d'Aubusson fond crème à fleurs.

273 — Six rideaux en soie brochée à volatiles et
grands branchages fleuris sur fond noir de style
japonais, avec anneaux en cuivre.

274 — Quatre grands rideaux et deux lambrequins
en étoffe de soie fond crème à fleurs.

275 — Deux rideaux en satin groseille.

276 — Deux rideaux en lampas rouge dessin ton sur
ton à grands ramages.

277 — Deux rideaux en satin bleu de Chine brodé
d'or avec encadrement de peluche réséda.

278 — Dessus de coussin en satin bleu brodé de
Chine décor à personnages.

279 — Trois carrés en ancien point de Hongrie.

280 — Environ quarante-cinq mètres de tapisserie
au point à fleurs sur fond noir.

281 — Lot de tenture murale en satin jaune pâle.

282 — Quatre rideaux en soie rose pâle garnis de
franges et passementerie assortis.

283 — Décors pour trois croisées ; composés de : six rideaux en satin rouge uni, de trois lambrequins en tapisserie d'Aubusson, dessin en camaïeu rouge avec galeries dorées de style Louis XVI.

284 — Grand tapis de Smyrne fond clair à dessin polychrome 6ᵐ × 4ᵐ25.

285 — Tapis moquette fond crème, 4ᵐ70 × 3ᵐ5o.

286 — Tapis dessin dans le goût oriental, 6ᵐ4o × 4ᵐ6o.

287 — Carpette de Smyrne.

288 — Tapis d'Aubusson fond crème à fleurs.

289 — Carpette d'Aubusson à fleurs.

29o à 294 — Cinq petits tapis d'Orient à dessins variés.

295 — Objets omis.